District 130

Guided Reading

El animal más grande del mundo

de Allan Fowler

Versión en español de Aída E. Marcuse

Asesores:

Dr. Robert L. Hillerich, Universidad Estatal
de Bowling Green, Bowling Green, Ohio

Mary Nalbandian, Directora de Ciencias,
Escuelas Públicas de Chicago, Chicago, Illinois

Fay Robinson, Especialista en Desarrollo Infantil

CHILDRENS PRESS®
CHICAGO

Diseñado por Beth Herman Design Associates

Catalogado en la Biblioteca del Congreso bajo:

Fowler, Allan
    El animal más grande del mundo / de Allan Fowler.
      p. cm. —(Mis primeros libros de ciencia)
    Resumen: Describe esquemáticamente las características físicas
y las costumbres de las ballenas.
    ISBN 0-516-36001-9
    1. Ballenas–Literatura juvenil. [1. Ballenas.] I. Título.
    II. Series: Fowler, Allan. Mis primeros libros de ciencia.
QL737.C4F68 1992
599.5–dc20
                                           92-9410
                                              CIP
                                                AC

¿Sabes cuál es el animal más grande del mundo?

Es un animal que aún
vive hoy en día – la
ballena azul.

Este animal pesa más que
el dinosaurio más grande
que viviera jamás.

Aunque parecen ser peces,
las ballenas son mamíferos.

Perros y gatos, caballos y elefantes – y también la gente – son mamíferos.

Como todos los mamíferos,
los bebés ballena no nacen
de huevos, sino del cuerpo
de su madre.

El bebé ballena se llama ballenato y se alimenta de la leche del cuerpo de su madre.

Y como todos los mamíferos, las ballenas respiran aire.

Una ballena puede estar bajo el agua un largo rato.

11

Pero tiene que salir a la superficie a respirar.

Cuando ves ballenas echando chorros de agua, están respirando. Resoplan el aire usado por un respiradero que tienen sobre la cabeza.

16

Las ballenas se cuentan
entre los animales más
inteligentes que hay.

Pueden oir bajo el agua.

Y posiblemente oyen
sonidos que ocurren
a cientos de millas
de distancia.

Las ballenas silban, gruñen, y se cantan unas a otras.

Los científicos han estudiado esas "canciones" de las ballenas.

¿Acaso las ballenas hablan? ¡Bueno... al menos parecen entenderse entre si!

Los delfines y las marsopas son muy parecidos a las ballenas.

Son amistosos y les
encanta jugar.

En los parques marinos
puedes ver delfines saltando
muy alto fuera del agua.

23

Hasta hace algún tiempo, las ballenas eran matadas porque la gente quería su aceite para quemarlo en las lámparas.

Pero los cazadores mataron demasiadas, y algunos tipos de ballenas habían desaparecido casi totalmente.

Ahora existen leyes para proteger
a las ballenas contra ese peligro.

Hay botes que llevan a la gente a lugares donde pueden observar a las ballenas sin molestarlas.

El animal más grande que viviera jamás merece que lo protejamos con solicitud.

Palabras que conoces

ballenas

ballena azul

resoplando

respiradero

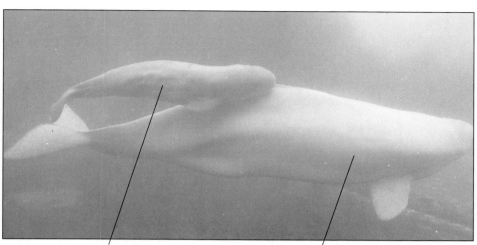

ballenato　　　　　madre

delfines

mamíferos

31

Índice

Acerca del autor:

Allan Fowler es un escritor independiente, graduado en publicidad. Nació en New York, vive en Chicago y le encanta viajar.

Fotografías:

A/P Wide World Photos – ©Ed Baily, 8, 31 (arriba)
imágenes de mamíferos marinos – ©Mark Conlin, 6
PhotoEdit – ©Myrleen Ferguson, 7, 31 (abajo derecha)
Jeff Rotman Photography – ©Bob Cranston, 11; ©Itamar Grinberg, 20
©1992 Sea World of Florida – 22, 31 (abajo izquierda)
SuperStock International, Inc. – 24, 25
Valan – ©Richard Sears, Tapa, 4–5, 12, 15, 28, 30 (3 fotografías); ©Kennon Cooke, 9, 21; ©Fred Bruemmer, 16; ©Jeff Foote, 19, 26, 27; ©Francis Lépine, 23
TAPA: Ballena azul